Pierre Stutz

BEI SICH SELBER ZU HAUSE SEIN

Weihnachtliche Wege nach innen

Eschbach

Bei sich selber zu Hause sein
innere Räume durchschreiten
um zum Ort der Ruhe zu gelangen
wo ich sein darf

Bei sich selber zu Hause sein
um offen zu werden für Begegnungen
in denen die Verschiedenheit Platz hat
weil ich in mir selber ruhen kann

Bei sich selber zu Hause sein
im Entfalten der Aufmerksamkeit
für das Wesentliche im Leben
das Sinn stiftet und beglückt

Bei sich selber zu Hause sein
nicht mehr nur außerhalb suchen
was sich in meinem tiefsten Seelengrunde ereignet:
Gottes Advent in mir

ADVENTLICH SEIN

Adventliche Menschen lassen sich ein auf das Wagnis, bei sich selber zu Hause zu sein, damit echte Begegnungen sich ereignen können. Darum ist ein adventlicher Weg eine Reise nach innen und zugleich eine gemeinschaftliche Erfahrung, ein Aufbruch zu mehr zärtlicher Gerechtigkeit auf dieser Welt.
Adventliche Menschen lassen sich ein auf die Sehnsucht, in sich selber ruhen zu können, damit eine neue Lebensqualität sich entfalten kann. Darum ist ein adventlicher Weg ein Pfad des Schweigens und des Rückzuges und zugleich eine intensive Bewegung der Gastfreundschaft und der Solidarität.
Bei sich selber zu Hause sein ist eine herausfordernde Lebensaufgabe. Es bedeutet, mit einer größeren Aufmerksamkeit sein Leben zu gestalten, wie dies die Mystikerin Simone Weil (1909–1943) aufzeigt. Sie spricht von »attente« – wörtlich übersetzt »Erwartung« – und meint damit Sammlung, Konzentration, Aufmerksamkeit. Ein adventlicher Mensch erwartet mehr vom Leben und findet sich nicht ab mit der Oberflächlichkeit, der Ausgrenzung und der Unterdrückung. In dieser Konzentration auf das Wesentliche, in diesem alltäglichen Sammeln und Innehalten, in dieser Aufmerksamkeit für die tiefere Verbundenheit mit allem, erneuert sich das Geheimnis von Bethlehem.

Bei sich selber zu Hause sein bedeutet der Kraft des Alleinseins trauen. All-eins. Erahnen, wie sich trotz aller Widersprüchlichkeiten und Widerwärtigkeiten des Lebens eine Hoffnung stiftende Kraft unaufhaltsam gebiert in allen Frauen und Männern guten Willens, die nicht nur außerhalb suchen, was längst schon in ihnen Wirklichkeit ist: das Wohnen Gottes im Wesen eines jeden Menschen, das verbindet mit Schöpfung und Kosmos. So erneuert sich der Advent Gottes in unserem Zuhausesein, in unserem Schweigen und unserer Beziehungsfähigkeit.

INNEN UND AUSSEN

Ida schenkt mir ein Adventsgesteck. Sie hat es selber zusammengestellt und sie lässt mich Anteil nehmen an dem Gestaltungsprozess: »Die Tannenzapfen habe ich im Sommer in Südfrankreich gesammelt, die Steine stammen vom Ufer des Murtensees, die kleinen Pflanzen, die weiterhin auf Wasser angewiesen sind, holte ich in der Areuseschlucht ...«

Dieses äußere Zeichen, diese adventliche Schale mit einer Kerze in der Mitte erleichtert mir, ganz konkret mehr bei mir zu Hause zu sein. Es ist mir ein Symbol meines Angewiesenseins auf Beziehungen und auf ein tieferes Eingebundensein in der Schöpfung. Nur so kann ich wirklich zur Ruhe kommen. Denn ich entferne mich dabei nicht von den anderen, sondern ich kann sie lassen und innerlich ruhig werden, weil ich angesichts einer brennenden Kerze im Hier und Jetzt die Kraft der Ewigkeit spüre.

Darum ist es sinnvoll, in der Adventszeit im Haus, in der Wohnung, im Zimmer, am Arbeitsplatz durch äußere Zeichen meiner inneren Ausrichtung einen Ausdruck zu verleihen. Je einfacher und natürlicher die Zeichen sind, umso mehr fördere ich eine echte Atmosphäre der Mitmenschlichkeit, in der ich und andere sich wohl fühlen können. So wird die Adventszeit zur Erinnerungszeit an all die gemeinsamen Erlebnisse, die uns mehr Mensch werden ließen. Danach sehnt sich unser Seelenhaus.

IM HAUS DER WELT

Bei sich selber zu Hause sein entfernt mich nicht den Mitmenschen. Ganz im Gegenteil, es lässt mich die tiefere Verbundenheit mit aller Kreatur erfahren, besonders auch mit Menschen in Not.
Darum täuschen uns adventliche Texte keine heile Welt vor. Sie ermutigen uns, in der Spannung von Verletzlichkeit und Solidarität die Gratwanderung der Menschwerdung zu begehen. Mensch werden heißt verletzlich bleiben, verwundbar. Mensch werden heißt solidarisch bleiben, um auch angesichts von Krankheit und Tod intensivstes Leben zu erfahren. Mensch werden heißt, täglich das Leben mit seinem Licht und seinem Schatten zu feiern. Mit-Mensch werden heißt, sich für das »Haus der Welt« zu engagieren.

HAUS GOTTES SEIN

Mystikerinnen und Mystiker verwenden immer wieder Urbilder, um einen inneren Prozess, einen lebendigen Glaubensweg auszudrücken. So spricht Teresa von Avila (1515–1582) von der Reise nach innen als einem inneren Weg durch sieben Wohnungen, in denen es viele Gemächer gibt. Sie vergleicht die Seele mit einem Diamanten und einem sehr klaren Kristall. Dieses positive Menschenbild, das den Menschen nicht vom Mangel her definiert, sondern von seinen Stärken, seinem göttlichen Kern, ist für mich die befreiende Grundbedingung, um auch mit der Unruhe umgehen zu können, die mir auf dem Weg zum inneren Ruhepol begegnen kann. Teresa spricht von unfassbarem Gewürm, dem ich auch in meinen Innenräumen begegnen kann. Ich deute dies als unverarbeitete Erfahrungen, Verwundungen aus der Kindheit, Schattenseiten meiner Existenz.

Adventliche Menschen bekämpfen diese Seiten nicht, sondern versuchen sie zu integrieren, indem sie sein dürfen. Nur so können sie gestaltet werden, und nur so kann ich ihnen auch Grenzen setzen.

Darum gibt es für Teresa keine Gotteserkenntnis ohne Selbsterkenntnis.

Sich selber zurechtfinden im eigenen Haus ist kein egoistischer Weg, sondern eine kontinuierliche Lebensaufgabe, um aus meiner inneren Mitte heraus mich engagieren zu können.

Echte Selbstwerdung stärkt den Glauben an das Gute im Menschen und exponiert sich auch dafür. Sie führt zur Selbstannahme, die auch andere befreit und von einem befreienden Gott erzählen lässt.

Dieser Gott spricht nach Teresa dem Menschen zu:

»Du bist mein Haus und meine Bleibe,
bist meine Heimat für und für.«

Was gibt es Bestärkenderes als in aller Zerbrechlichkeit Haus Gottes sein zu dürfen?

MEIN INNERES FUNDAMENT

Um mehr und mehr Mensch werden zu können, brauchen wir ein inneres Fundament.
Das Evangelium vom Haus auf dem Felsen spricht mich Jahr für Jahr im Advent besonders an.
Im Herzstück der befreienden Botschaft Jesu, in der Bergpredigt, stellt jener Liebhaber des Lebens aus Nazareth uns eine zentrale Frage: Auf welchem Grund ist dein Haus gebaut? Welche Grundhaltungen prägen deinen Umgang mit dir selber, den andern, deiner Mitwelt, mit Gott?

»Wer meine Worte hört und danach handelt, ist ein kluger Mensch, der sein Haus auf Felsen baute. Als nun ein Wolkenbruch kam und die Wassermassen heranfluteten, als die Stürme tobten und an dem Haus rüttelten, da stürzte es nicht ein, denn es war auf Fels gebaut.«
Matthäus 7,24–25

Ein adventlicher Weg der Selbstwerdung und der Solidarität ist ein dynamischer Prozess. Ein alltägliches Hören auf die Worte des Lebens, der Hoffnung, des Glaubens und der Liebe. Ein Weg nach Bethlehem ist ein Handlungsweg, auf dem mir die Stürme des Lebens nicht erspart bleiben.

Die Kraft zu diesem spannenden Unterwegssein finde ich auf meinem tiefsten Seelengrund, im Innehalten, im Schweigen, im Horchen auf meine innere Herzensstimme.

MEIN URWUNSCH NACH ANSEHEN

Dein Ort ist, wo Augen dich ansehn«, schreibt die jüdische Dichterin Hilde Domin. Die Kraft des Augen-Blicks lässt uns lebendig bleiben. Angesehen zu werden ist ein Urwunsch von uns Menschen.

Werde gegenwärtig und lass dich ansehen. Werde gegenwärtig und schau in die Augen deiner Mitmenschen. Genieße den Augenblick. Trau der Kraft der Gegenwart.

Gegenwärtiger Augenblick bringt dich in Verbindung mit dem Ort in dir, wo du angeschaut wirst und sein darfst.

Schließe die Augen. Schau nach innen, um klarer zu sehen,dass dein Ansehen sich aus der Tiefe nähren will. Öffne die Augen. Schau die Welt mit dem Blick des Staunens und des Mitgefühls an.Zu Hause bist du überall, wo du im Augenblick lebst und wirkst.

HEILIG WERDEN

Dank dem Mystiker Thomas Merton (1915–1968) habe ich einen neuen Zugang zu den Heiligen gefunden. Er schreibt: »Heilig werden heißt, sich selber werden.«
Wir können nur uns selber werden, wenn wir jener Wirklichkeit vertrauen, von Anfang an beim Namen gerufen zu sein. Unsere Lebensaufgabe besteht darin, diesem inneren Ruf zu folgen, um unsere Einmaligkeit, unsere Kernkompetenz, unseren ureigenen Platz auf dieser Welt zu erkennen.
Der Lobgesang Marias, das Magnificat, das wir im Lukasevangelium 1, 46–55 finden, ist umrahmt von der zärtlichen Begegnung zwischen Maria und Elisabeth. Das Lied ermutigt uns, auch in freundschaftlichen Beziehungen bei sich zu Hause sein zu können. Die Begegnung zwischen Maria und Elisabeth bewegt die beiden Frauen zum Wesentlichen. In dieser Freundschaftskraft ereignet sich Gott, der einen neuen und weiten Blick auf das Ganze eröffnet. Bei sich selber sein heißt, die tiefere Verbundenheit mit allem zu spüren. Diese sympathische (griech. mit-leidende) Lebens- und Glaubenseinstellung lässt Maria zu einer starken Frau werden, die Unrecht beim Namen nennt, brennende Fragen ausspricht, Unterdrückungsmechanismen aufzeigt.
Adventliche Menschen genießen die Kraft der Freundschaft, um mitwirken zu können an Gottes neuer Welt.

NÄHE UND DISTANZ

Zu Hause sein
verstanden werden
mich selber sein können
in wirklichen Begegnungen

Zu Hause sein
mich einfühlen können
in deinen Selbstwerdungsweg
im Wechsel von Nähe und Distanz

Zu Hause sein
in einer Gemeinschaft hoffender Menschen
die mit adventlichen Kerzen
als Volk Gottes unterwegs bleiben

DEN INNEREN BRUNNEN ENTDECKEN

»Wie töricht der Mensch,
der aus der Pfütze trinkt
und den Brunnen lässt,
der ihm im Haus entspringt«,
schreibt der Mystiker Angelus Silesius (1624–1677).
Adventliche Menschen entdecken den eigenen Brunnen in ihrem Haus. Darum gehen sie immer wieder in sich, um aus den eigenen Ressourcen zu schöpfen.
Mein Selbstwertgefühl wächst. Ich vergleiche mich nicht mit anderen, sondern freue mich über meine kreativen Seiten und lerne, auch meine Schattenseiten anzunehmen.
Adventliche Menschen fördern kulturelle Räume, damit Menschen ihre Ausdrucksform finden im Töpfern, Malen, Filmen, Musizieren, Basteln, Sport, Theaterspielen, Singen. Adventliche Menschen lassen sich nicht aufhalten von der Pfütze des Konsumzwangs, sondern entfalten ihre Lust des Schenkens auf die ihnen gemäße originelle Weise.

IM HIER UND JETZT LEBEN

»Mein Atem heißt JETZT«, schreibt die jüdische Dichterin Rose Ausländer (1901–1988). Sie lädt ein, im Atemhaus zu wohnen.

Der Atem ist unser Begleiter, um überall zu Hause sein zu können. Jeder Ort auf dieser Welt kann zum heiligen Ort werden. Ein Zuhause wird mir geschenkt im regelmäßigen Innehalten mitten im Einkaufszentrum, mitten im Berufsalltag, mitten im Austragen von Konflikten, mitten im Genießen der Schöpfung.

Mein Atem ist nicht nur mein Atem, sondern es ist auch das Atmen des heilenden Geistes in mir und in allem, was lebt.

Im Hier und Jetzt kann ich ankommen bei mir und erahnen, wie ich nie Einzelne, Einzelner bin, sondern immer Teil eines Ganzen: Mitwohnend im Atemhaus.

ANKOMMEN

Ankommen bei dir
mit dem Kraftvollen des Tages
mit dem Mühsamen
was ich mir anders gewünscht hätte

Ankommen bei dir
mit der Hektik und den
ungelösten Fragen
mit der Sehnsucht nach Ruhe
und Geborgenheit

Ankommen bei dir mit unserer
Lebenslust und Ängstlichkeit
mit unserer Zerrissenheit
und engagierten Gelassenheit

Ankommen bei dir
weil du uns näher bist
als wir uns selber sind

»Gott wohnt und wirkt wesentlich in jedem Menschen«, schreibt der spanische Mystiker Johannes vom Kreuz (1542–1591), dessen Gedenktag die katholische Kirche heute begeht. Wie jeder Mystiker hebt er das Göttliche hervor, das jeden Menschen bewohnt. Das Wohnen Gottes im Menschen ist wesentlich im doppelten Sinn. Es ist unsere Lebensgrundlage und hat mit unserem Wesen zu tun. Der Weggefährte von Teresa von Avila hat viele Menschen spirituell begleitet. Er ist ein großer Menschenkenner. Darum fügt er als hoffender Realist seinem Credo einige Worte hinzu: »Gott wohnt und wirkt wesentlich in jedem Menschen, sogar im größten Sünder.«

Beim täglichen Zeitunglesen sind mir diese Worte Lebenshilfe. Ich wiederhole sie Tag für Tag. Ich hole sie wieder in mein Bewusstsein angesichts der Widerwärtigkeiten, die Menschen einander und der ganzen Schöpfung antun können. Diese Wirklichkeit wird nicht geleugnet. Es gibt Situationen in unserem Leben, in denen wir uns dem Wirken Gottes verschließen können. Je mehr wir uns dem Wohnen Gottes in uns entfernen, umso mehr entfremden wir uns und den anderen. Trotzdem bleibt in jedem Menschen ein göttlicher Kern. Adventliche Menschen buchstabieren die ver-rückte Hoffnung, dass es keinen gottlosen Men-

schen gibt. Kein Mensch kann Gott los werden, weil er jeden Menschen bewohnt.
Auch Anne Frank (1929–1945) sagt dies angesichts des Konzentrationslagers mit ihren Worten: »Trotz allem glaube ich an das Gute im Menschen.«

MICH BEWEGEN LASSEN

»Tu deinem Leib etwas Gutes, damit die Seele Lust hat, darin zu wohnen.«
Teresa von Avila

Ein adventlicher Weg der Menschwerdung lädt uns ein, mit Leib-Seele-Geist Mensch zu werden. Es gehört zu meiner Verantwortung als Christ, Sorge zu tragen zu meinem Leib. Ich habe keinen Leib, sondern ich bin Leib. In dieser Grundhaltung können alle sportlichen Tätigkeiten wie das Joggen, Schwimmen, Skifahren, Wandern zur Meditation werden. Ein geerdeter Adventsweg hat mit BeWEGung zu tun. Es gehört zu meiner Pflicht, einen guten Rhythmus zwischen Arbeit und Freizeit, Engagement und Erholung zu finden. Dem Leben zuliebe setze ich Grenzen und Prioritäten. Manchmal spüren wir selber nicht mehr, wie wir sogar mit vielen guten Absichten maßlos werden können und die Signale des Leibes zu wenig ernst nehmen. Wir sind angewiesen auf wohlwollende Unterstützung. Diese Klugheit zeigt sich auch in einem Brief der Teresa von Avila an ihren Weggefährten Pater Gracian, geschrieben im Oktober 1577:
»Ich sage aber auch, mein Pater, dass es Ihnen sehr notwendig ist zu schlafen. Sehen Sie, Sie haben so viel Arbeit, und man merkt oft nicht, wie einem das zu-

setzt, bis der Kopfschmerz sich zeigt, dass es zu spät ist. Sie wissen doch, wie wichtig Ihre Gesundheit ist. Bei Gott, ändern Sie Ihre Meinung und nehmen Sie sich nicht zu viel vor! Bitte tun Sie mir den Gefallen! Denn oft benutzt der Teufel das leidenschaftliche Engagement, um dem Geiste vorzugaukeln, etwas sei sehr wichtig im Dienste Gottes. Das heißt, wenn er von der Seite des Bösen nicht an uns herankommt, versucht er es vom Guten aus.«

Für diese Unterscheidung der Geister braucht es das Innehalten, die Begegnung, die Distanz, um zu spüren, was wirklich Not tut und was ich lassen kann. Ich kann mich verlieren in der Aktivität, kann darin meine Allmachtsphantasien ausleben. Achtsam bleibe ich, wenn auch mein Leib mein spiritueller Begleiter sein darf.

AUF MEINE HERZENSSTIMME HOFFEN

Gehorsam und Selbstverwirklichung werden leider immer noch gegeneinander ausgespielt. Dabei ergänzen sich diese beiden Grundhaltungen. Bei mir selber zu Hause sein kann ich, wenn ich meinem Leben gehorche.
Adventliche Menschen sind horchende Menschen, die auf ihre innere Herzensstimme hören. Wenn ich mir fremd bleibe, kann ich anderen keine Herberge sein. Wenn ich mich nicht zurechtfinde mit meinen Stärken, meinen Eigenheiten, meinen Grenzen, dann kann ich auch anderen nicht in Freiheit begegnen.

Adventliche Menschen wie die Prophetinnen und Propheten, Elisabeth und Zacharias, Hanna und Simeon, Johannes der Täufer, Maria und Josef, die Hirtinnen und Hirten sind Menschen, die sich selber geworden sind, weil sie auf Gottes Stimme in ihrem Haus gehorcht haben. Dabei lassen sie sich auch auf ihre Träume, auf ihre Intuition, auf ihre inneren Bilder ein, weil Gottes Ankunft immer wieder unerwartet geschieht und doch schon da ist. Ihm kann ich nur begegnen, wenn ich bei mir selbst zu Hause bin.

BEI MIR SEIN

Außer mir sein
gelebt werden durch die Hektik
gefangen im Irrtum
dass alles von mir abhängt

Bei mir sein
aus Verantwortung für das Ganze
zuerst mich sammeln
den Zugang zu meinen Ressourcen erkennen

Außer mir sein
mich nur durch Leistung definieren
verkrampft in der Vorstellung
alles selber tun zu wollen

Bei mir sein
aufatmen können in der Erinnerung
dass alle Mühe umsonst ist
wenn du das Haus nicht baust
Nach Psalm 127,1

VERWURZELT SEIN

Tiefe Beheimatung erfahre ich in meinem Leben, wenn ich meine Verwurzelung wahrnehme. Das Matthäusevangelium fängt nicht mit der Geburt Jesu an, sondern mit seinem Stammbaum. Diese Lebensweisheit ist entscheidend, wenn ich mich zurechtfinden will in meinem Haus, meiner Geschichte, meiner Sozialisation, meinem Ursprung. Auch diese Selbstannahme ist ein Weg, ein dynamischer Prozess. Manchmal grenze ich mich sehr ab, brauche ich Distanz, um mich lösen und mich finden zu können. Echte Beheimatung und Versöhnung geschieht im Erkennen meiner Wurzeln. Dies trägt auch zum Weltfrieden, zum Frieden unter den Religionen bei. So erinnert der Apostel Paulus Christinnen und Christen an ihre jüdischen Wurzeln: »Nicht du trägst die Wurzel, sondern die Wurzel trägt dich.«
Römer 11,18

Menschwerdung geschieht in der dankbaren Verbundenheit mit all den Menschen, Lebenden und Verstorbenen, die mich getragen haben, die mich ertragen haben, die mich durchgetragen haben.
Diese Lebenskraft bleibt für immer. Sie kann mir nie genommen werden.

Adventliche Menschen verinnerlichen den Erwartungsweg des Volkes Gottes. Sie erkennen sich selber wieder in den prophetischen Texten, die mit ihrer Kritik und ihren Visionen erzählen, dass sogar in den ausweglosesten Situationen unseres Lebens sich ein neuer Weg auftut.
Adventliche Menschen spüren die tiefere Verbundenheit mit den Verstorbenen, die nun im vollen Licht sind.

MUSIK BRINGT MICH ZU MIR SELBST

Gott spricht zur Seele:
»Du bist eine Harfe meinen Ohren, du bist ein Klang meinen Worten.«
Mechthild von Magdeburg, 1207–1282

Die Advents- und Weihnachtszeit ist auch die Zeit der Musik, der Konzerte. Seit vielen Jahre meditiere ich regelmäßig das Weihnachtsoratorium von Johann Sebastian Bach im Hören zu Hause und bei einem Konzert in einer Kirche.
Die Mystikerin aus Magdeburg zeigt uns die Spur auf zu einer ganzheitlichen Feststimmung in der Familie, die in uns auf dem Weg zu Weihnachten erweckt werden soll. Größer kann Gott nicht von uns Menschen sprechen, als dass wir sogar ihm Harfe und Klang sein können. Nicht abstrakt, sondern ganz konkret in der Liebe zu aller Kreatur, um darin den Klang der Ewigkeit zu hören.

AUF DEM HIRTENFELD

Wie die Hirten
sich mitten in der Arbeit
anrühren lassen vom Klang
der Ewigkeit

Wie die Hirtinnen
dem Dunkel im Leben nicht ausweichen
erwärmt durch das Feuer
der Solidarität

Wie die Hirten
zwischen Erde und Himmel
aufgehoben sein in aller
Verletzlichkeit

Wie die Hirtinnen
aus der Verbundenheit mit den Tieren
staunend danken für den
göttlichen Lebensatem in allem

Wie die Hirtinnen und Hirten
sich zwischen Vertrauen
und Zukunftsangst
Sternstunden schenken lassen

HEILENDE NACHT

Stille Nacht
Heilige Nacht

Dem Geheimnis der Nacht trauen
damit deine Sehnsüchte gestillt werden
damit deine Lebensvollzüge geheiligt werden

Stille Nacht
Heilige Nacht

Dem Geheimnis der Menschwerdung trauen
weil sich Gott gebiert in deinem tiefsten Grund
wo du zu Hause sein darfst so wie du bist

Stille Nacht
Heilige Nacht

Dem Geheimnis des göttlichen Kindes trauen
im Umarmen des inneren Kindes
im Engagement für die Rechte aller Kinder

Stille Nacht
Heilige Nacht

Dem Geheimnis der Sympathie Gottes trauen
in der Solidarität mit allen Ausgegrenzten
im befreienden Dialog mit allen Religionen

HAUS DES BROTES

Die Geburt im Stall von Bethlehem ist ein wohltuendes Urbild, um ein Wachstum förderndes Zuhause erfahren zu können. Da begegnen wir nicht nur der Wärme, dem Einfachen, der Verbundenheit mit den Tieren, dem Geerdetsein. Da werden wir konfrontiert mit der Härte des Lebens, mit unangenehmem Geruch, mit der eigenen Verletzlichkeit und Verunsicherung. Beides gehört zu einer echten Menschwerdung, wie wir sie im Leben Jesu von seinem Anfang an bis zu seinem Tode und in seiner Auferstehung erfahren können. Darum überzeugt seine Lebensschule damals und heute unzählige Kinder, Jugendliche, Frauen und Männer jeden Alters. Weihnachten ist nicht nur das Geburtsfest Jesu. Es ist das Fest aller leidenschaftlichen Menschen, die in Wohlwollen und Konfliktfähigkeit, Lebensfreude und Toleranz, Zärtlichkeit und Freiraum einander zum Leben in Fülle für alle ermutigen:

Wir brauchen Bethlehem in unserem Leben.
Bethlehem heißt wörtlich »Haus des Brotes«.
Wir können einander täglich Brot und Rosen sein.

GOTTES GEBURT IN UNS

Du
gebierst dich
in den staunenden Menschen
die eine ökologische Achtsamkeit entfalten

Du
gebierst dich
in der Begleitung von Sterbenden
im zärtlichen Halten der Hände

Du
gebierst dich
in der Widerstandskraft
der gewaltfreien Friedensmenschen

Du
gebierst dich
in der Umarmung der Liebenden
die deine Schönheit feiern

Du
gebierst dich
im Schweigen
im Dasein im Hier und Jetzt

STANDORTBESTIMMUNG

Die Tage und die Nächte zwischen den Jahren sind ein besonderer Moment der Standortbestimmung:
Wo bin ich zu Hause?
Welche Beziehungen fördern in mir Beheimatung?
Welche Beziehungen hindern mich bei mir selber zu sein?
Wie konnte ich dieses Jahr anderen ein Zuhause ermöglichen?
Was ist wirklich wesentlich, um Beheimatung zu erfahren?
Wem möchte ich ein Echo geben als Dank für bestärkende Erfahrungen?
Welche kraftvollen Erfahrungen stärken mein Vertrauen?
Wie konnte ich reifen und wachsen an den Schwierigkeiten dieses Jahres?

Weniger ist mehr. Es lohnt sich während der Festtage weniger Besuche zu machen. So kann ich mit Menschen, die mir nahe sind, denen ich vertraut bin, eine gegenseitige Standortbestimmung wagen, die ermutigt, vertrauensvoll in die Zukunft zu gehen.

MACHE DICH AUF

Mache dich auf
geh zurück an deinen Ursprungsort
um Schritt für Schritt
dein Leben durchschreiten zu können

Mache dich auf
verlass dein Zuhause
um deine tiefere Beheimatung zu erkennen
in der Weggefährtenschaft
mit vielen hoffenden Menschen

Mache dich auf
entfalte in dir die Dankbarkeit
all den Menschen gegenüber
die dich zur Selbstwerdung ermutigt haben

Mache dich auf
wie Maria und Josef
damit sich die Geburt Gottes in dir ereignet
am Ort deiner Selbstannahme

NISCHEN DER HOFFNUNG

Jeder Ort kann für mich zum heiligen Ort werden. Diese innere Wirklichkeit des Wohnens Gottes in uns braucht auch eine äußere Ausdrucksform.
Ich schaffe mir in meiner Wohnung, meinem Arbeitsplatz, meinem Zimmer jenen Freiraum, jene Nische der Hoffnung, die mich erinnert, dass es auch heute auf mich ankommt und doch nicht nur von mir abhängt.
Ein Symbol, ein Kalender, ein Kreuz, eine Kerze, eine Ikone, ein Meditationsschemel, ein Bild können in mir die Aufmerksamkeit fördern, um Tag für Tag nach innen zu schauen, um klarer zu sehen.

GESEGNETES ZUHAUSE

Gesegnet sei dein Zuhause
damit du im Öffnen und
Schließen deiner Türen
Gastfreundschaft erfährst
mit dir selber und anderen

Gesegnet sei dein Zuhause
damit du mitten im Alltag
jene Achtsamkeit entfalten kannst
die dir auch innere Beheimatung schenkt

Gesegnet sei dein Zuhause
damit deine Beziehungskraft wächst
und unsere Welt zärtlicher
und gerechter werden kann

Gesegnet sei dein Zuhause
damit genügend Platz
vorhanden ist
zum Lachen und Weinen
zum Hoffen und Lieben
zum Zweifeln und Glauben
zum Streiten und Versöhnen
zum wirklichen Dasein
Bethlehem hier und jetzt

KÖNIGSKINDER SEIN

Wir alle sind Königskinder
ausgezeichnet
mit einer einmaligen Würde

Wir alle sind Königskinder
aufgerufen
Himmel und Erde zu verbinden

Wir alle sind Königskinder
verwurzelt in der Zusage Abbild Gottes zu sein

Wir alle sind Königskinder
beheimatet in der befreienden Gastfreundschaft

Wir alle sind Königskinder
angestiftet zu einer zärtlichen Gerechtigkeit

SEHNSUCHT NACH BEHEIMATUNG

In den weihnachtlichen Texten des Lukasevangeliums begegne ich zwei älteren Menschen, Hanna und Simeon heißen sie (Lukas 2,21–40). Die befreiende Weisheit des Alters kommt mir da entgegen, weil beide so jung geblieben sind. Sie halten ihre tiefe Sehnsucht nach Beheimatung wach. Trotz vieler Rückschläge und Ernüchterungen ließen sie sich nicht abhalten, mehr als alles zu erwarten.

Sie erkennen im Kleinen, im göttlichen Kind, das Große, das Wunderbare. So erfahren sie die Zusage, dass es nie zu spät ist, klein anfangen zu können.

In ihnen verdichtet sich für mich die Verabschiedung eines Ideals der Vollkommenheit. Bis zur letzten Sekunde unseres Lebens und über den Tod hinaus können wir vertrauen, dass wir bruchstückhaft sein dürfen, weil das Wesentliche im Leben immer ein Geschenk ist. So kann ich hineinwachsen ins Urvertrauen, dass es auch im Himmel »viele Wohnungen« gibt ... und uns ein Platz vorbereitet worden ist (Johannes 14,2).

Hanna und Simeon ermutigen mich, meinen Visionen treu zu bleiben, ein Leben lang.

Bei mir selber zu Hause sein
auch im kommenden Jahr
im Annehmen meiner Talente
und meiner Grenzen

Bei mir selber zu Hause sein
im dankbaren Staunen
über den Geschenkcharakter
des Lebens

Bei mir selber zu Hause sein
auch im Neuen Jahr
im Entfalten
einer wohlwollenden
Konfliktfähigkeit

Bei mir selber zu Hause sein
in der Offenheit und Toleranz
eines Engagements
für die Menschenrechte

Bei mir selber zu Hause sein
im Schweigen
den heiligen Ort in mir erfahren
der verbindet mit allem

Pierre Stutz, geboren 1953 in Hägglingen/Schweiz, Theologe und spiritueller Begleiter. Langjährige Erfahrung in Jugendseelsorge und Erwachsenenbildung. Ausbildung im Sozialtherapeutischen Rollenspiel. Mitbegründer des offenen Klosters Abbaye de Fontaine-André CH-2009 Neuchâtel, Mitredakteur der spirituellen Fotozeitschrift ferment. Gefragter Kursleiter im ganzen deutschsprachigen Raum, viel beachteter Autor von rund 40 Büchern zu einer bewussten Lebenspraxis mit über 900.000 verkauften Exemplaren – www.pierrestutz.ch – lebt heute in Lausanne. Zuletzt sind im Verlag am Eschbach die folgenden Titel von Pierre Stutz erschienen:

Friedenslichter (Mini 776)
Geh deinen inneren Weg (Adventskalender 959)
Halte Ausschau nach den Bäumen (Geschenkheft 493)
Helle Sommertage wünsche ich dir (Geschenkheft 534)
Hoffnung ist ein Wort aus Licht (Geschenkheft 766)
Lächle dem Leben zu (Mini 524)
Verweile im Augenblick (Mini 876)

Das Umschlagbild sowie die Bilder im Inhalt sind von **Barbara Trapp**. Sie ist 1950 in Leipzig geboren. Nach einem Studium an der Hochschule für Kunst und Design „Burg Giebichenstein“ in Halle/Saale war sie wissenschaftliche Mitarbeiterin im Modeinstitut der DDR in Berlin (Bereich Modeforschung). Später war sie zunächst Lehrbeauftragte, anschließend wissenschaftlich-künstlerische Mitarbeiterin an der Hochschule der Künste Berlin (Fachbereich Design). Seit 1987 ist sie freiberuflich tätig. Sie wohnt und arbeitet in Bad Krozingen. www.bt-kunst.de

Bibliographische Information der Deutschen Nationalbibliothek:
Die Deutsche Nationalbibliothek verzeichnet diese Publikation in der Deutschen Nationalbibliographie; detaillierte Daten sind im Internet über http://dnb.d-nb.de abrufbar.

ISBN 978-3-86917-010-7

Im Alten Rathaus/Hauptstr. 37
D-79427 Eschbach/Markgräflerland

www.verlag-am-eschbach.de

Gestaltung, Satz und Repro: Finken & Bumiller, Stuttgart.
Schriftvorlagen: Eva Hauser, Münstertal.
Herstellung: Druckwerke Reichenbach, Reichenbach/Vgtld.

Manufakt

Dieser Baum steht für klimaneutrale Produktion, umweltschonende Ressourcenverwendung, individuelle Handarbeit und sorgfältige Herstellung.